HOJA SANTA

HOJA SANTA
BLANCA MOREL

2/10

HOJA SANTA
Primera edición: abril 2024

© De los poemas: Blanca Morel
© De la fotografía de la autora: Blanca Morel
© Del diseño de cubierta y maquetación: Nautilus Ediciones
© De la selección de poetas y coordinación editorial: Samuel Trigueros
   Nautilus Ediciones
   nautilusedicioneshn@gmail.com

ISBN: 978-84-10241-02-2
Depósito Legal: Z 704-2024

Impreso en España, Unión Europea

BLANCA MOREL
(España)

[prehistoria de mí]

con tres mil años mi madre me peina con dos coletas
me corta el pelo si me pasa de los hombros
con tres mil años colecciono vilanos en un bote de cristal
está lleno y los suelto en la calle
salen volando
hago una fiesta conmigo misma

en mi primer recuerdo meto el pie en un plato con papilla
al cerrar los ojos veo bolitas rojas y azules perfectamente alineadas
no hay caos en mi oscuridad sino geometría
no sé escribir pero trazo el mismo signo repetido y formo un tapiz de renglones
ΩΩΩΩΩΩΩΩΩΩΩΩΩΩΩΩΩΩΩΩΩΩΩΩΩΩΩΩΩΩΩΩΩΩΩΩΩΩΩΩ
a veces cambio de color y hago tramos rojos o azules o de cualquier color
ΩΩΩΩ es una alambrada que quiere rodear las cosas de este mundo ΩΩΩΩ
sin pensar
percibo el movimiento de mi mano al escribir el signo
                                        como un mudra Ω

A mis padres, Ana María y Manuel,
que juntos se han adentrado en el misterio.

Os vais y vuelvo a nacer.

IV - El vacío de origen
El Tao es un recipiente hueco, difícil de colmar.
Lo usas y nunca se llena.
Tan profundo e insondable es que parece anterior a todas las cosas.
Redondea los ángulos, desenreda las marañas,
suaviza el resplandor, se adapta al polvo.
Tan hondo parece, y sin embargo siempre está presente.
No se sabe de quién es hijo.
Parece anterior a los dioses.

Tao Te Ching, LaoTzu; traducción Juan Fernández Oviedo.

Poner a calentar un litro de agua y cuando rompa el hervor apartar del fuego. Añadir la hoja santa, cubrir y dejar reposar. Beber un vaso de la infusión por nueve días.

la vida me ha sumido
en una mujer llamada yo

ella se he hecho feliz
a veces todo coincide perfectamente

en ella la vida parecía ser una cosa
y ella otra
es porque existe el riesgo de confundirse
con la que se llama yo

(la vida no tendría sentido sin ese riesgo)

existe el riesgo
porque a veces

hay palabras
no cosas
ni cosas

hay unos tablones podridos
que tienen la bondad de estar ahí
soy una mierda
me doy cuenta de la situación
de haberme sentido tan solo
una mujer
que se orina

cuando llegue al cuarto de baño
no habrá necesidad

de tirar de la cadena
que ahora arrastro

los espejos fulminan los linces
en el éxtasis

cómo decir esto
y por qué hacerlo

mejor sería…

pero dejemos el futuro
para los buitres del mañana
hoy es cuando el día comienza
y muere
no vivimos más que un solo día
en un universo pulsante

he llegado a una postal
que me mandé a mí misma
con una iglesia
y algunos peces rojos en la vidriera
también un cristo ensangrentado
horrible y hermoso

estamos cerca
del altar
el cristo no
el cristo está fuera de campo

estamos cerca del altar
la mujer del vestido de cuentas
y yo-ella-la vida

en ese lugar sucedió un eclipse
sentí bajo el vestido
la desnudez de mi cuerpo

cristo ocultó mi pez
en su sangre
para devolverlo un día
vivo
inmaculado

me gustaría saber
qué pensaré de todo esto
y si acaso la dirección exista
en un lugar de nombres múltiples
y si acaso la dirección no importe
y siempre busque mis manos

estos apuntes sobre
una vida
es donde puedo hallarme

sonreír ante la humillación
es iluminarse
porque el encuentro nunca coincide
con la búsqueda Ω

mi pico salado de gaviota
te alimentará como niño
                    -mío mío-

y quizá vuelva para ti
en un verano rojo
una estrella blanca como ella

me desmayo de instante «tú»
y un diablo me sujeta pico lengua

me la cortaría para ti
si he de dar de comer
al pájaro-niño
                    -mío mío- Ω

quítame la piel

ꙅ la serpiente abandona S

la semilla muere

ᴑ

Ω

[percuto]
me arrodillo y froto
me arrodillo y froto
me arrodillo y froto
el sumidero del baño
con un cepillo de dientes
y lejía

contra las agujas del reloj
froto
y persevero en el ritual

[percuto]
aquí y ahora
aquí y ahora
aquí y ahora

al frotar pasan cosas:
el brillo el fuego el orgasmo

[percuto]
después dejo el agua correr
arrodillada contemplo
cómo el agua se va
cómo el agua se va
cómo el agua se va Ω

ΩΩΩΩΩΩΩΩΩΩΩΩΩΩ
ΩΩΩΩΩΩΩΩΩΩΩΩΩΩ
ΩΩΩΩΩΩΩΩΩΩΩΩΩΩ
ΩΩΩΩΩΩΩΩΩΩΩΩΩΩΩΩΩΩ
ΩΩΩΩΩΩΩΩΩΩΩΩΩΩΩΩΩ
ΩΩΩΩΩΩΩΩΩΩΩΩΩΩΩΩ
mi mujer-cuerpo cae lentamente
ΩΩΩΩΩΩΩΩΩΩΩΩΩΩΩΩΩ
ΩΩΩΩΩΩΩΩΩΩΩΩΩΩΩΩ
ΩΩΩΩΩΩΩΩΩΩΩΩΩΩΩ
del desahuciado eje por asombro
ΩΩΩΩΩΩΩΩΩΩΩΩΩΩΩΩΩ
ΩΩΩΩΩΩΩΩΩΩΩΩΩΩΩΩ
ΩΩΩΩΩΩΩΩΩΩΩΩΩΩΩ
en el baptisterio resuena el eco de su nombre
ΩΩΩΩΩΩΩΩΩΩΩΩΩΩΩΩΩ
ΩΩΩΩΩΩΩΩΩΩΩΩΩΩΩΩ
ΩΩΩΩΩΩΩΩΩΩΩΩΩΩΩ
la torre de pisa reclinose a su paso
ΩΩΩΩΩΩΩΩΩΩΩΩΩΩΩΩΩ
ΩΩΩΩΩΩΩΩΩΩΩΩΩΩΩΩ
ΩΩΩΩΩΩΩΩΩΩΩΩΩΩΩ

madre que pares hijos
para la muerte
instrumento de sacrificio vital

arden en la noche
hogueras diminutas
que el alba al aire eleva

el sol es urna de nuestro fuego

madre que pares hijos

que pares
el sol radiante
y sus cenizas Ω

lunas arden de espaldas
cuando ayeres soplos carne
antes antiguamente en lo mítico
la física duda la ley

estar a punto a punto y nada

[versos cantados]
soy una vaca ciega en la verde noche
licuándose las esferas de lo hermoso derruido

pajaritos son tus dedos picotean mis átomos
mis átomos miguitas en tu pico hiriente

alumbra el futuro adelántate para llevarme a nuestro lecho
alineado con la dicha

santíguate que pasa mi conciencia
dale que dale con su machacona piedra

tendremos agua en los dedos un instante
y a poquito adioses
de belleza
    de dolor Ω

un ángel duerme
bajo mi enebro duro

hojas aciculadas
el tiempo cristaliza
en vena

además, existiendo, por lo tanto, juramentos grabados
[en mi espalda

además, mordiendo, por supuesto, el camino de mi lengua

además, al fondo, nuestro lingam desangrado

deben de ser
barcos diminutos
encallados en mi tráquea

la tristeza cromada
último modelo
de caballo exhausto

es la revista del supermercado
un gran apoyo moral:
compro carne y sigo viva Ω

todos los días barro
muevo el sillón
la mesa
encuentro migas
o un calcetín

los animales salvajes
se encargan de los restos

soy ese animal salvaje
que no sospechas Ω

te atraviesan
clavos que nada sujetan

te rindes al sol
a las fuentes
a las palabras
a la piel de dios

y sin dios
ni sol
ni fuentes
ni palabras quedas

de la carencia nacen jardines
que te perfuman
que te profanan

perfumada y hueca
llena de lo que no está

tuya

por eso
te das o te vas
patrona de tu vacío Ω

[±hipervínculo suspendido en la tela sobre el abismo lleno
de nunca]

ūna araña casera de patas largas de tablones viejos de sótano
lleno de nunca   está en su tela hermosa como una novia
blanquecina sobre el abismo oscuro / hay lu   z luz de
mañana de cuclillas observo a la novia brillando suspendida
contemplo
la diferencia de habitar entre ella y yo
soy una niña muy pequeña
de cuclillas miro
a la araña increíble
y de pronto algo se desprende de mí
algo cae entre las rejas y queda prendido de la tela de la
guardiana del abismo   del sótano negro de la vieja casa de
la vieja zapatera María/
casi se abisma en la oscuridad del sótano
mi
pendiente
diminuto · de oro
pero casi
    ‹pero no›

la vieja zapatera María
    mi madre
una araña
  yo
miramos al pendiente brillar suspendido en la tela
    a punto de precipitarse en la oscuridad del sótano

dónde está/ la vieja María/ la araña/ mi madre/ la niña
aquel instante?

O

todo está jugando aglutinado
nos miramos a los ojos
sobre la tela ingrávidas mi madre/ María/ la araña/ yo
el pendiente es una peonza

qqqqqqqqqqqqqqqqqqqqq   uizááááááááááááááááááááá
un
sol

jugamos al corro flotando en la tela invisible del universo
estamos dentro del sótano oscuro pero vemos a través de la

oscuridad ⊃Ⓞjos
de anciana/ de niña/ de madre/ de araña
no hay nada que entender
todo es/
ese espacio disfruta
        está vivo
una placenta nos mece
        implícitas
            las unas
        en las otras Ω

[refracción de la piedra en la luz]

mi puente
los puentes
mi puente
      intocable

los puentes humo llamas
y el ocaso
      piedra

pozo mío
dentro llamas humo
y mi yo a lo lejos:
sombrerito de paja y unas flores
me sonríe

caballos brillan en el fondo
      intocables

hubo
un antílope de piedra
un hombre una lanza
un antílope de piedra
un hombre
      su lanza

sucede:
bebo el vino de las copas lejanas
diamantes brillan en el fondo
soy el antílope
alguien come mi carne roja Ω

sin querer has llegado hasta mi puerta
has deseado mis labios lívidos
la luna orbita sin querer lo que desea
mi cuerpo es un engendro

has llegado
despojada de ti misma
necesito tu perdón
con él te entrego
la felicidad que pervive en esta brizna que se aleja
                                        [de la muerte Ω

pan impuro comí
con labios cadáver
llamo/lamo el excremento
imagen de una antigua
una recóndita
certeza

vara maldita
hoy en flor Ω

¿por qué afilas cuchillos en mitad de la noche?
¿por qué afilas cuchillos en mitad de la noche?
¿por qué afilas cuchillos en mitad de la noche?
¿por qué afilas cuchillos en mitad de la noche?
¿por qué afilas cuchillos en mitad de la noche?
¿por qué afilas cuchillos en mitad de la noche?
¿por qué afilas cuchillos en mitad de la noche?
¿por qué afilas cuchillos en mitad de la noche?
¿por qué afilas cuchillos en mitad de la noche?
¿por qué afilas cuchillos en mitad de la noche?
¿por qué afilas cuchillos en mitad de la noche?
¿por qué afilas cuchillos en mitad de la noche?
¿por qué afilas cuchillos en mitad de la noche?
¿por qué afilas cuchillos en mitad de la noche?
¿por qué afilas cuchillos en mitad de la noche?
¿por qué afilas cuchillos en mitad de la noche?
¿por qué afilas cuchillos en mitad de la noche?
¿por qué afilas cuchillos en mitad de la noche?
¿por qué afilas cuchillos en mitad de la noche?
¿por qué afilas cuchillos en mitad de la noche?
¿por qué afilas cuchillos en mitad de la noche?
¿por qué afilas cuchillos en mitad de la noche?
¿por qué afilas cuchillos en mitad de la noche?
¿por qué afilas cuchillos en mitad de la noche?
¿por qué afilas cuchillos en mitad de la noche?
¿por qué afilas cuchillos en mitad de la noche?
¿por qué afilas cuchillos en mitad de la noche?

Ω

una habitación en penumbra sin puertas sin días/ en el centro
un gusano angustiosamente se retuerce incapaz de segregar
la seda/ y su cuerpo se oscurece/ y su carne se consume en
silencio/ en la habitación en penumbra sin puertas sin días/
en el reino de la imposibilidad

tengo carne quemada y fría también escombros
tu perro al que bañabas en el patio
ha muerto eso es seguro
¿cuántos años hace de mi partida?
he vuelto
pero no la de entonces
los perros mueren discretamente

por angostos veranos que llegan hasta mi cama
el viento arrastra estas hojas de humo:
el cloro el protector solar
la toalla húmeda el corazón de mccullers
las olas de virginia woolf

hay piscinas azules llenas de mí
que se filtran por las junturas de las horas
el mar entra en mi cuarto
y me arrastra hacia algún lugar del palmeral en llamas
ha llegado el colibrí a libar el incendio
¿desde dónde ha venido a derruir estas paredes?
mi carne es el combustible
en la víscera
la sangre se espesa como lava

y por ella circulan los cadáveres
que dejó la sed
tengo carne quemada y fría también escombros
¿dónde está el agua invencible? Ω

me precede un instante […] soldado a la neblina
llueve
doy un paso hacia atrás para no mojarme las botas
doy un paso hacia atrás
mil veces me precede un instante […] soldado a la neblina
mil veces las calles mojadas el tráfico
alcanzo charcos que no han llegado a existir
aspiro el humo de motores quemando lo que fuimos
estiro el brazo y mojo la punta de mis dedos
cruzo al otro lado
en cualquier sitio soy tan extranjero como en la esquina
$\qquad\qquad\qquad\qquad\qquad\qquad$ [de mi calle
jadean los caballos clavados en el infinito […] soldado
$\qquad\qquad\qquad\qquad\qquad\qquad$ [a la neblina Ω

hay caminos ocultos
sabedlo
en los que el dolor
se brinda cortésmente

cortésmente aceptar
ofrecimiento o declinar

si la curiosidad vence al temor
sabedlo
descubriréis
en el camino
un hombre solo
cubierto de fragante musgo

hay una puerta de hierro
en su pecho

empujad entonces Ω

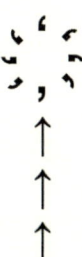

↑
↑
↑

lentamente como un tiempo sin energía

↑

mis flores me comen lentamente

↑
↑
↑

nacen espinas de ↑ → → → mis huesos → → ↓

→ → → → → → ↓

↓ ↓

↓ ↓

↓ utensilios → moléculaestrella ← patíbulos ↓

← ← ← ← ← ← ← ← ← ←

→ → → → → → → → → → → →

Ω

velos negros cayeron de mi cara
cada vez más rápidos
como días desplomados
que interminablemente se repiten y mueren

deseaba mi cuerpo que llegara el fin
que ya no más velos
tuvieran mis ojos
y ver la luz por vez primera:
la que no daña
no somete

pero mirad
solo vi
que una estratagema había sido todo

saliendo de mí misma tras el último velo
solo un mono salió y se fue de mi alma Ω

tú
dije yo
y *tú*
se convirtió en ceniza
y el *tú* que quedaba
se convirtió en cristal
cayó de mis manos
y sigue rompiéndose
nunca paran sus cristales
nunca para de resquebrajar
la transparencia

[versos cantados]
tú dije yo
y tú
dije yo
y quedé yo
sola
entre cristales y cenizas

[eco]
entre cristales y cenizas

el pájaro sangre
cayó del cielo
murió en mis manos
y desde el fondo de mí sin fondo
me alcé al crepúsculo
contemplé al dios pájaro
de su pico tomé la luz

ahora cosecho el néctar
de la alegría
mas en el jardín
crecen ortigas hambrientas

       … ahora que cosecho el néctar de la alegría

pero hay caminos que no existen Ω

llevas jardines lejanos
la hiedra te crece oscuramente
en tus rodillas
penden frutos como cuencos
de sangre
marean los olores ebrios de su pulpa
tienen ojos fijos
intensa mirada
de cristo irredento

y te atraviesan
te devastan sus espinas
vuelven para perforar
la médula del aire

hay frutos llamados
"oscura promesa"
    y ese magnetismo en el que caes
caes
en profundos pactos de sometimiento
    y fuiste llevada
por ti
por la búsqueda

cayó el látigo en la espalda de dios
y dios en tu espalda:
        la vida Ω

lamí tu espalda
lo que fluye contenido en el movimiento
todo era lengua y tú
una porción de ti infinita

por un instante
el espacio tu piel en mi lengua
mi lengua sagrado velamen de un viaje terrible
lamiendo
mi corazón extasiado
esa porción de ti
imposible el resto
tu cuerpo ahora imposible como un jaguar escondido
tus suaves pisadas recorren mi lecho y tiemblo
solo la suavidad de esa ausencia salvaje
pero es algo
esa porción que lamo amo-amante alimento de esplendor
                                        [en mi lengua

mido la noche   el espacio   los instantes   la profundidad
                                        [de la intemperie

                        [jaguar anhelado
                         frío territorio
                         como un mundo
                         sin la piedad
                         de tu dulzura]
                         Ω

al torcer la línea del verso
el pájaro torció su vuelo
y perforó mis ojos

lloré
ella fue encerrada en la noche

el rumor del mar era duro
el pájaro -una gaviota de pico salado-
lentamente excavaba
sin poder entrar
sin poder salir de mí

un hombre me dijo:
ladrona
debes limpiarlo todo
y barrer tus huesos blancos contra dios Ω

estoy en la cocina son las tres
no podía dormir
       esto no es un camposanto

escribo un poema miro el suelo
pero hay cruces
cruces tumbadas
       un camposanto de sucesos absurdos

aquí estoy en lucha
contra el bogavante púrpura del caos
él es formidable y tenaz
yo también
       vivo y nadie me obliga

que hay cruces es un hecho
aunque solo son baldosas
una cruz por cada cuatro
       somos animales simbólicos

mi hijo dice algo
está dormido
restos del naufragio de su sueño
dan miedo las palabras pronunciadas
en la quietud nocturna
       como profanaciones

mis palabras son silenciosas
no hablo con la voz

nunca más moriremos
en el centro de la cruz
donde nuestros cuerpos
se encontraron

es un sacrilegio vivir si los maderos no se tocan Ω

escribo mi nombre en el polvo
el polvo desdibuja las letras
cubre los signos
a través de los días
lame las sílabas
devora la palabra
vomita
otro nombre

[eco]
otro nombre
otro nombre Ω

me entristece esta atonía

       de escaleras

              hay soles que se pudren en el aire

      venenos que curan lo que matan

de

miedo   *vivir*

hay   *de*

vivir   *no*

bisontes cruzan espaldas polvorientas en horas de oficina
ruge el tiempo al devorarme

duerme ladrona
ahora duerme
una gacela
bebe
sin
m
o
r
i
r
Ω

los gatos los sombreros son caprichosos
como las certezas

supongo que las circunstancias fabulan para mi felicidad
            (suponiendo lamo mí vacío)
no concibo mi tristeza y estoy triste

hay un sombrero
mientras
en algún lugar un gato
sobre alguna mesa o silla o cama o intemperie
estará respirando

cuento los ratones muertos sobre mi delantal
vi su lengua rosada del único color que existe
supongo cuerpos que me serán dados
pasan como maletas por la cinta transportadora
la mía se extravió
y me he quedado aquí mirando
al sombrero que da vueltas en el flujo universal Ω

corren los galgos tras el instante
hacia
un precipicio en el que volcar el baúl de los cromos intergalácticos
soy una muñequita desnuda de papel
he escrito lo que me ha hecho seguir viva
mi biografía son las listas de la compra

conquisté los supermercados
tengo cestas repletas de días indistintos
y un secreto escondido en la carnicería

los galgos tiran de mí
me arrastran
son unos amos esbeltos y tan puntuales
caigo
muñequita de papel
caigo girando y al final en una bañera caliente
me deshago entre tus manos
tus manos perfectas porque me deshacen en el agua sin
huesos

tranquilo mi amor
tranquilo
nada tengo que ocultar
        llevo a la intemperie el último corazón de mi blusa Ω

las jaurías del aire
duermen

escucha la lluvia
en el mundo

cierra los ojos y aléjate
del cristal cortante de los límites

que la niebla
te plague
y te beba
hasta la última duda Ω

dos serpientes oscilan
se elevan
salen
de la caverna

una lluvia de partículas de luz
cae sobre el cuerpo
de mi cuerpo

[eco]
cae sobre el cuerpo
de mi cuerpo Ω

limpiando el polvo de la mesilla
bajo la lámpara de sal
he hallado un punto fijo
que nadie moverá nunca Ω

el punto inmóvil
todo lo mueve

nadie sabe su nombre
él ve lo que veo
siente lo que siento
es lo que soy
pues es todos los puntos de vista

nunca he de perderme
pues algo que está en mí jamás
se movió Ω

ha venido desde muy lejos
soñé que desaparecían sus dedos en mi cuerpo
soñé que desaparecía su cuerpo

beba
de la lluvia he tomado estas palabras de agua
las palabras se incendian y enfrían en los labios
el buey muge y la luz y la prudencia cocinan la grasa
                                                    [de los días
la realidad hierve lentamente en el gran caldo
por fin se espesa la vida
es sabrosa la carne como nunca
y la dicha es posible con sigilo y constancia
le he esperado
hoy su capa me cubre de alegría

desde siempre
escuché mi nombre de sus bocas
en el desierto hallé la zarza fría calcinada
he bebido su agua en las sencillas fuentes de piedra

fui hasta el sepulcro pero ya no estaba
ahora después de todo
besaré sus manos
en ellas un pájaro vuela dentro de otro pájaro tatuado de aire
                                              tatuado en el aire
creo sentir
algo nuevo muy antiguo

[versos cantados]
soñé que desaparecían sus dedos en mi cuerpo
soñé que desaparecía su cuerpo
de la lluvia he tomado estas palabras de agua
las palabras se incendian y enfrían en los labios

fui hasta el sepulcro pero ya no estaba
ahora después de todo
besaré sus manos
en ellas un pájaro vuela dentro de otro pájaro tatuado de aire
tatuado en el aire Ω

[debajo de Esto]
mi madre se iba hacer la compra y me dejaba al cuidado de
la vieja zapatera María En la vieja sala de estar en la mesa
camilla yo me preguntaba ¿qué hay tras ese pasillo?
Quería cruzarlo y ver más allá cómo es la habitación de
María su cama su piel ¿Qué es ser vieja? Los pájaros están
en jaulas ¿son como personas? Una tela con florecillas
negras y rojas cubre el camastro Las bailarinas estampadas
en la pantalla de la lámpara son bailarinas de Degas pero
no lo sé hasta que años después veo los cuadros de Degas
María sostiene patas de pollo puede que también mollejas
pero no estoy segura Junto a la mesa camilla donde
recorto papel hay un brasero brasas cenizas y un atizador
Confecciono vestiditos planos de papel para muñecas
planas Garabateo algo, invento la escritura, letras y frases
se suceden en una cadena sin espacios el mismo signo se
repite indefinidamente en una frase que avanza renglón
tras renglón ⁓ no hay palabras solo un único signo
repetido
ΩΩΩΩΩΩΩΩΩΩΩΩΩΩΩΩΩΩΩΩΩΩΩΩΩΩΩΩΩΩΩΩ
ΩΩΩΩΩΩΩΩΩΩΩΩΩΩΩΩΩΩΩΩΩΩΩΩΩΩΩΩΩΩΩΩ
Había un muñeco con un pito y un tambor Si soplabas
sonaba el pito si tirabas de la cuerda tocaba el tambor Me
apetecería rellenar el muñeco de arena Miro a mi alrededor
en el aparador hay una foto de una niña pequeña con dos
coletas soy yo Me gustaría insuflarle vida al muñeco pienso
que si lo rellenara de arena quizá esto pudiera suceder
Deseo un diminuto ratón de metal sin rabito que María
lleva en su monedero Me lo enseña pero no digo que lo

quiero Cómo me gustará tenerlo sería como poseer un
tesoro La vida sería mejor con ese tótem Las patas de pollo
las cenizas del brasero y el pasillo conducen a la piel de la
vieja María cuando bajo las sábanas duerme llevo coletas
y suena en la radio una antigua canción y los pájaros los
pájaros callan Debajo de Esto mi madre es muy vieja en
la oscuridad más que la vieja zapatera María Mi madre
tiene unos pendientes de perlas y su pelo es blanco Ella
lo tenía muy largo cuando era niña pero su madre murió
Entonces mi madre dejó de ser niña y le cortaron el pelo
Su madre murió cuando el bebé nació y el bebé murió
cuando murió su madre Nunca se vieron Se dieron la vida
y la muerte la una al otro el otro a la una Ellos también
están debajo en el sótano dentro de mi madre El hermano
muerto y la madre muerta Y la hija de la madre muerta que
ha dejado de ser una niña a los nueve y friega la cocina
cuida a sus hermanas por ser la mayor Ya no podrá ir a
la escuela Por eso mueve los labios cuando lee revistas
del corazón y escribe despacio concentrada Yo también
escribo con dificultad como si tallara Pero una niña en la
vieja casa de la vieja zapatera María inventa la escritura ella
sí sabe escribir aunque todavía desconoce el abecedario
Insiste en el mismo signo una y otra vez y lo escribe
seguido sin espacios Cambian los colores de algunos
tramos amarillo azul verde rojo El lápiz se desliza sobrel
papel, la pequeña mano danza en el mudra de la escritura
ΩΩΩΩΩΩΩΩΩΩΩΩΩΩΩΩΩΩΩΩΩΩΩΩΩΩΩΩΩΩΩΩΩΩ

A

Agradecimientos:

Los poemas de esta antología pertenecen a los poemarios que he ido publicando desde el año 2008 hasta 2023. Los títulos cronológicamente son: *Bóveda*, *Pájaro sangre*, *Pan impuro*, *La ladrona*, *Hypnerotomaquia* (libro objeto colectivo), *No hay domingo al oeste de Omaha* y *Polvo*. También incluyo algunos poemas inéditos. En algunos casos el poema original publicado ha resultado ser una primera versión. Espero que puedan perdonar un pecado que considero menor: no serme fiel en cualquier caso.

Me siento agradecida de que Samuel Trigueros me haya dado la oportunidad de poder juntar aquí algunos trazos de mi escritura indecisa y fluctuante cuyo impulso brota del asombro de estar viva.

Agradecida también a María Gª Zambrano, por la luz de las luciérnagas. Y a Rodrigo Galarza, editor de mi primer libro y compañero incesante en la poesía y en la vida.

Índice

HOJA SANTA
de Blanca Morel
-2/10 de la Colección Capitanas 2-
se terminó de editar y maquetar
por Nautilus Ediciones
en Zaragoza, España,
en abril de 2024.